Antoni Gaudí, c. 1888

El «modernismo», la variante catalana del «Jugendstil» alemán y del «art nouveau» francés, experimentó su mayor esplendor a finales del siglo XIX y comienzos del XX El centro de la arquitectura modernista fue Barcelona, pero huellas en ... Como ... stintivo ...siderada la catedral ... de la Sagrada Familia, proyectada por el arquitecto Antoni Gaudí (1852–1926).

Lujosas construcciones, tales como su Casa Batlló y la ricamente ornada Casa Lleó Morera, de Lluís Domènech i Montaner, ofrecieron a la burguesía adinerada el marco para autorrepresentarse y fueron una manifestación de la renovada conciencia nacional catalana.

Las construcciones modernistas fascinan por su colorido, su variedad de formas, su amor por el detalle y su gran fuerza de expresión poética. Mientras que hoy se cuentan entre las metas predilectas de los turistas para algunos de sus contemporáneos eran demasiado «modernas». La Casa Milá, por ejemplo, fue llamada «La Pedrera», por sus formas fuera de lo común.

Gaudí, Doménech i Montaner y Josep Puig i Cadalfalch dieron su imprenta al estilo modernista. Pero también muchos otros arquitectos, menos conocidos, tales como Josep Maria Jujol, crearon obras con elementos del «modernismo», que revelan además un estilo propio y personal.

Antoni Gaudí: Chimeneas pots
Photo: François René Roland

Antoni Gaudí: Sagrada Familia
Photo: François René Roland

»Modernismo«, the Catalonian version of German »Jugendstil« and French Art Nouveau, flourished at the turn of the century. The city of Barcelona is the bastion of modernist architecture, but traces of the style may be found in other parts of Catalonia as well.

The unfinished cathedral of Sagrada Familia designed by Antoni Gaudí (1852–1926) is a landmark not only of »Modernismo« but also of the Catalonian capital itself.

Unique and elaborate structures such as Gaudí's Casa Batlló or the richly decorated Casa Lleó Morera by Lluís Domènech i Montaner provided a showcase for the affluent upper middle class. They also bear witness to the revival of Catalonian national consciousness.

Modernist buildings are fascinating for their vibrant colours, formal diversity, exquisite detail and poetic expressiveness. Although they number among the most popular tourist attractions in Barcelona today, they were too »modern« for some contemporary tastes.

Gaudí's Casa Milà, for example, was somewhat unlovingly dubbed »La Pedrera« (the quarry).

Antoni Gaudí, Domènech i Montaner and Josep Puig i Cadafalch were the forerunners in shaping the modernist style.

Works by other, less well-known architects such as Josep Maria Jujol incorporate elements of »Modernismo« while at the same time retaining an individual, personal style of their own.

Antoni Gaudí: Güell Pavilion
Drawing: Hiroya Tanaka

Antoni Gaudí: Güell Palast
Photo: François René Roland

Der »Modernismo«, die katalanische Variante des deutschen Jugendstils und französischen »Art Nouveau«, erlebte seine Blütezeit um die Jahrhundertwende. Die Hochburg der modernistischen Baukunst ist Barcelona, doch auch in anderen Gebieten Kataloniens hinterließ sie ihre Spuren. Als Wahrzeichen des »Modernismo« und auch der katalanischen Hauptstadt gilt die unvollendete Kathedrale der Sagrada Familia von Antoni Gaudí (1852–1926).

Ungewohnt neue Prunkbauten wie Gaudís Casa Batlló oder die reich ausgestaltete Casa Lleó Morera von Lluís Domènech i Montaner boten dem wohlhabenden Großbürgertum einen Rahmen zur Selbstdarstellung und demonstrierten das katalanische Nationalbewußtsein.

Die modernistischen Gebäude faszinieren durch Farbenfreude, Formenvielfalt, Liebe zum Detail und ihre poetische Ausdruckskraft. Gehören sie heute zu den beliebtesten Zielen von Barcelona-Touristen, waren sie manchen Zeitgenossen zu »modern«. So wurde Gaudís Casa Milà wegen seiner ungewöhnlichen Gestaltung etwas abfällig »La Pedrera«, der Steinbruch genannt.

Gaudí, Domènech i Montaner und Josep Puig i Cadafalch prägten den modernistischen Stil. Daneben schufen noch eine Vielzahl weniger bekannter Architekten wie Josep Maria Jujol Werke mit Elementen des »Modernismo«, die darüber hinaus einen eigenständigen, persönlichen Stil aufweisen.

Antoni Gaudí: Mosaik, Park Güell
Photo: François René Roland

Josep Maria Jujol
Photo: Arxiu Jujol

Le «Modernismo» catalan, qui correspond au «Jugendstil» allemand et à l'Art nouveau français, a connu son apogée au début du siècle. Bien que ce type d'architecture ait également laissé des traces en d'autres endroits de Catalogne, c'est Barcelone qui en est le haut lieu. On y trouve le symbole du «Modernismo» devenu aussi symbole de la capitale catalane: la cathédrale inachevée de la Sagrada Familia, œuvre d'Antoni Gaudí (1852–1926).

Des constructions somptueuses et inhabituelles comme la Casa Batllò ou bien encore la Casa Lleó Morera richement décorée de Lluis Domènech y Montaner offraient aux riches bourgeois un cadre de vie idéal et étaient la preuve du réveil de la conscience nationale catalane.

En regardant ces ouvrages du «Modernismo», on est fasciné par la richesse des couleurs, la diversité des formes, la minutie des détails et par l'incroyable force d'expression poétique qui s'en dégage. Ils sont aujourd'hui l'une des attractions préférées des touristes à Barcelone. Pourtant, à l'époque, la Casa Milà de Gaudí, jugée trop peu conventionnelle, avait été surnommée avec quelque dédain «La Pedrera », la carrière. Le «Modernismo» a été développé par Gaudí, Domenèch y Montaner et Josep Puig y Cadafalch.

Mais on retrouve des éléments de cette tendance artistique dans les œuvres au style très personnel d'architectes moins connus comme Josep Maria Jujol.

Josep Maria Jujol: Torre de la Creu
Dessin: Arxiu Jujol

Antoni Gaudí:
Sagrada Familia, 1883–1926
Photo: François René Roland

August Font i Carreras:
Plaça de Toros de «Les Arenas», 1899–1900
Photo: Jordi Sarrà

© Benedikt Taschen Cologne PostcardBook

Lluís Domènech i Montaner:
Editorial Montaner i Simon (Fundación Antonio Tàpies),
1879–1886

Eduard Ferrés i Puig:
Casa Damians, 1913–1915
Photo: Jordi Sarrà

© Benedikt Taschen Cologne PostcardBook

Antoni Gaudí:
Finca Güell, 1884–1887
Photo: Jordi Sarrà

Antoni Gaudí:
Casa Batlló, 1905–1907
Photo: Jordi Sarrà

© Benedikt Taschen Cologne PostcardBook

Josep Maria Jujol:
Torre de la Creu, 1913–1916
Photo: Jordi Sarrà

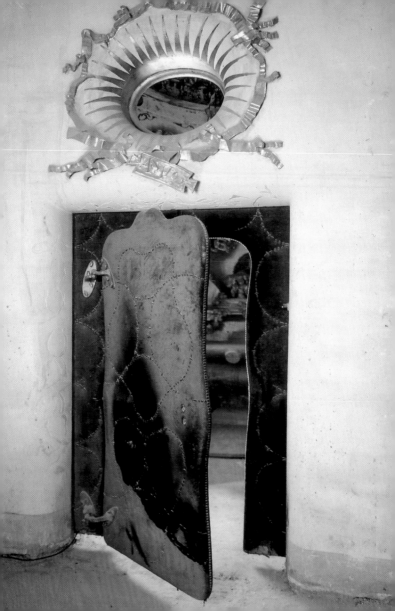

© Benedikt Taschen Cologne PostcardBook

© Benedikt Taschen Cologne PostcardBook

Antoni Gaudí, Josep Maria Jujol:
Casa Milà, 1905–1910
Photo: Lluís Casals/Arxiu Jujol

© Benedikt Taschen Cologne PostcardBook

Josep Puig i Cadafalch:
Casa Macaya (Centre Cultural de «La Caixa»), 1899–1901
Photo: Jordi Sarrà